THE ICONS FOUNDATION YOUNG AUTHORS PROGRAM

Taj's Adventures
Las aventuras de Taj

Author
Taj I. Kamal

Concept Creator
Claudie L. Phillips

Taj's Adventures

FOREWORD

When Taj walks in each morning I know he is smiling beneath his mask. He knows that this day will be an adventure. Taj is an explorer! He fills every day with wanting to learn and do more. He also cares a lot and believes in himself.

Taj starts the day making great structures. He likes to work on his own. But he also likes when a friend helps him. Taj also likes to write and he is very good at it! After that, he does some math then he goes back to reading. Reading is Taj's favorite thing to do. He sits in a chair with a pile of books! He lives to talk about what he reads with the class. He always raises his hand to share his ideas.

Sometimes we take a walk in the woods. Taj did not like the woods at first. Now, he jumps into the woods and looks for new things to find. He finds tunnels that beetles have made in the bark of trees. He uses wood pieces to make neat sculptures. He writes on pages in his journal to tell about what he saw in the woods.

At recess, he likes to play with his friends. He races like the wind. Sometimes he stops to do a dance! He watches his shadow move with him.

Taj also likes to sit by the window. He sees his brother Amir playing outside. He loves his brother very much and doesn't want to take his eyes off him!

When he leaves at the end of the day, he smiles and waves goodbye to me. Taj lightens up my day! I love being his teacher.

This is Taj's first published book. I know he will write many more books. He will do many great things in his life. I will always remember him.

Maia Golley
Taj's First Grade Teacher

Las aventuras de Taj

PREFACIO

Cuando Taj llega cada mañana yo se que el está sonriendo debajo de su cubrebocas. El sabe que su día va a ser toda una aventura. ¡Taj es un explorador! El pasa su día queriendo hacer y aprender más. Y se preocupa por los demás y cree en si mismo.

Taj comienza su día construyendo estructuras. Le gusta hacerlo solo pero también le gusta cuando un amigo le ayuda. ¡A Taj también le encanta escribir y es muy buen escritor! Después estudia matemáticas y luego de estudiar matemáticas Taj lee. Su actividad favorita es leer. ¡Se sienta en una silla con un montón de libros! Le fascina hablar de lo que ha leído con sus compañeros de clase. Siempre alza la mano para compartir sus ideas.

A veces nosotros salimos a caminar en el bosque. Antes, a Taj no le gustaba el bosque. Ahora el va al bosque en busca de nuevas cosas. Encuentra túneles que han hecho los escarabajos en la corteza de los árboles. El construye esculturas geniales con pedacitos de madera. El escribe en las páginas de su diario las cosas que vio en el bosque.

Durante el descanso le gusta jugar con sus amigos. Corre tan rápido como el viento. ¡A veces para y baila! Y le encanta observar como su sombra lo sigue.

A Taj también le gusta sentarse al lado de la ventana. Ve a su hermano Amir jugando afuera. ¡El quiere mucho a su hermano y no quiere dejar de mirarlo!

Cuando llega el fin de la jornada el sonríe y me dice adiós. ¡Taj me alegra el día! Me encanta ser su profesora.

Este es el primer libro que Taj publica. Yo se que el va a escribir muchos más. El va a hacer cosas maravillosas en su vida. Yo siempre lo recordaré.

Maia Golley
Profesora de primer grado de Taj

I Am Here! Let My Adventures Begin!

¡Ya estoy aquí! ¡Vamos a empezar mis aventuras!

Hello! My name is Taj. I don't remember when I was one or two years old. I was too little! I looked at pictures to find the ones I liked best. My mom and grandma took these pictures.

I hope you enjoy my adventures!

¡Hola! Mi nombre es Taj. No me acuerdo cuando tenía uno o dos años. ¡Era muy pequeño! Yo vi las fotos y escogí las que más me gustaron. Mi mamá y mi abuela tomaron estas fotos.

¡Espero que disfruten de mis aventuras!

Now I Am 1!
¡Y ahora tengo 1 año!

My 1st birthday

Mi primer cumpleaños

At my grandparents' house

En la casa de mis abuelos

In my baby car seat

En mi silla de bebes del carro

My 1st Christmas

Mi primera Navidad

When I was 1 my little brother Amir was born! I also have a big brother named Omari Jr.

¡Cuando yo tenía un año nació mi hermano Amir! Yo también tengo un hermano mayor que se llama Omari Jr.

I Learned to Swim at 2!

¡Aprendí a nadar a los 2 años!

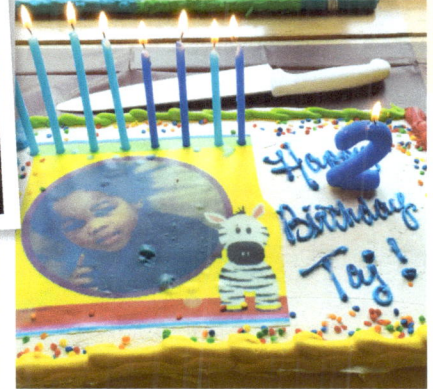
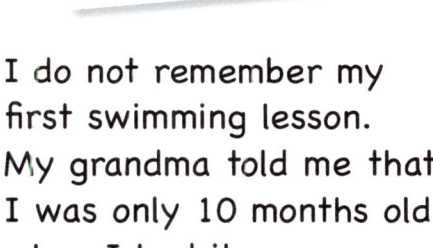

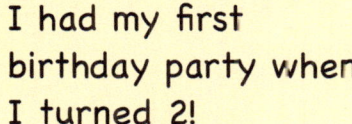

I had my first birthday party when I turned 2!

¡Cuando cumplí 2 años tuve mi primera fiesta de cumpleaños!

I do not remember my first swimming lesson. My grandma told me that I was only 10 months old when I had it.

My mom took me to my second series of swimming lessons when I was two years old. I can remember swimming in the pool and having lots of fun.

No recuerdo mi primera clase de natación. Mi abuela me dijo que solo tenía 10 meses cuando la tomé.

Mi mamá me llevó a mis segundas clases de natación cuando yo tenia dos años de edad. Yo me acuerdo que estaba nadando en la piscina y me estaba divirtiendo mucho.

My next adventure was feeding birds at my Grandpa Bill's house. It was so much fun! His backyard had so many birds. I saw a lot of different kinds of birds. My favorite bird was the red cardinal. Another one I liked was the blue jay. I loved to hear the birds sing. My grandpa bought bird feed. This is the food that birds eat. But, sometimes the squirrels ate the bird feed too! The squirrels have very long nails. They crawled up the pole of the bird feeder. Then they had a feast!

I also remember going to the creek behind Grandpa Bill's house. I threw rocks and sticks into the water. The rocks sank, and I watched the sticks float down the stream.

This is bird feed.

Este es el alimento para aves.

This is a blue jay.

Este es un azulejo.

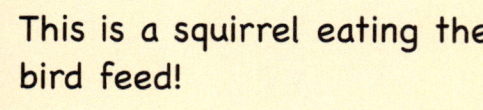

This is a squirrel eating the bird feed!

¡Esta es una ardilla comiéndose el alimento de los pájaros!

Mi siguiente aventura fue cuando estuve en la casa de mi abuelo Bill y le di de comer a los pájaros. ¡Fue muy divertido! Vi muchas clases de pájaros. Mi favorito fue el cardenal rojo. Otro que me gustó fue el azulejo. Me encantó escuchar el canto de los pájaros. Mi abuelo compró alimento para aves. Esa es la comida de los pájaros. Pero a veces, las ardillas también se comen el alimento de los pájaros. Las ardillas tienen uñas muy largas. ¡Ellas se subieron por el palo del comedero y se dieron un banquete!

También me acuerdo cuando fui al arroyo detrás de la casa de mi abuelo. Tiré piedras y palitos de madera al agua. Las piedras se hundieron pero pude ver como los palitos flotaban en la corriente.

I always love spending time with my family.

Siempre me encanta pasar tiempo con mi familia.

This is a red cardinal.

Este es un cardenal rojo.

I had my first haircut when I was two years old. I love spending time with my brothers at the barber shop!

Tuve mi primer corte de pelo cuando tenía dos años. ¡Me encanta pasar tiempo con mis hermanos en la barbería!

I Am Now 3! Tennis, Airplanes, and School!
¡Ya tengo 3 años! ¡Tenis, aviones y escuela!

My adventure with tennis started when Grandpa Bobby took me to the tennis court when I was two years old. He taught me about tennis.

It wasn't until I was three years old that I actually took tennis lessons. I saw lots of kids there. It was so much fun to play tennis. I hit the tennis ball with the other kids.

I learned how to hold and hit the ball. The older kids did too.

Aprendí a sostener y pegarle a la pelota. Los niños más grandes también aprendieron lo mismo.

Mi aventura jugando tenis comenzó cuando tenía dos años y mi abuelo Bobby me llevo a la cancha de tenis. El me enseñó sobre el tenis.

No fue hasta que tenía tres años que tomé clases de tenis. Había muchos niños allí. Fue muy divertido jugar al tenis. Yo jugaba tenis con los otros niños.

I'm having fun with my brother on the slide at the park!

¡Me divierto en el parque con mi hermano en el tobogán!

I like to spend the day in downtown Chicago with my family.

Me gusta pasar el día con mi familia en el centro de Chicago.

I had another big adventure when I was three years old. I went on my first airplane ride! It felt like I was flying. I had a great time! I was not even afraid.

Tuve otra gran aventura cuando tenía tres años. ¡Viajé en avión por primera vez! Sentí como si estuviera volando. La pasé tan bien que ni siquiera me asusté.

My cousin
Jillian and me

Mi prima
Jillian y yo

The next time I got on an airplane was when I visited my cousin Jillian. She lives in Little Rock, Arkansas. We had so much fun at her house! My brother Amir and I played soccer in their backyard. We jumped on the trampoline too. I love to visit my cousins every year.

La siguiente vez que monté en avión fue cuando visité a mi prima Jillian. Ella vive en Little Rock, Arkansas. ¡Nos divertimos mucho en su casa! Mi hermano Amir y yo jugamos fútbol en su patio. Saltamos en su trampolín también. Me encanta ir a visitar a mis primos todo los años.

I had so much fun on my first day at preschool. It was almost as fun as when I met Nurture Bear.

¡Mi primer día en la escuela fue muy divertido! Creo que aun más que cuando conocí a Nurture Bear.

This was my first Halloween adventure. I loved dressing up as an astronaut.

Esta fue mi primera aventura de Halloween. Me encantó disfrazarme de astronauta.

I had a party when I turned three years old. My parents, grandparents, and my nanny Nancy came.

Me hicieron una fiesta cuando cumplí tres años. Mis papás, mis abuelos y mi niñera Nancy vinieron.

Now I Am 4! I'm Getting Bigger and I Am a Big Brother!

¡Ya tengo 4 años! ¡Estoy creciendo y soy un hermano mayor!

When I was four years old, I took Amir to school. It was his first day of preschool. We went to the same school in Chicago. I enjoyed being his big brother and showing him around!

Cuando tenía cuatro años llevé a Amir a la escuela. Era su primer día de preescolar. Fuimos a la misma escuela en Chicago. ¡Disfruté siendo su hermano mayor y mostrándole los alrededores!

When I was 4 years old, my parents gave me my first bike.

Cuando tenía 4 años mis padres me regalaron mi primera bicicleta.

Preschool was fun! We dressed up for Halloween at school. We ate snacks. I played with my new friends and we went down the slide a lot.

¡Me divertí en el preescolar! Nos disfrazamos para Halloween en la escuela. Comimos botanas. Jugué con mis nuevos amigos y nos deslizamos por el tobogán muchas veces.

Another fun adventure was when my family and I flew on an airplane to California. We visited my cousins Zoe, Kelly, and Aaron, as well as my Uncle Freeman and Aunt Linda.

We had lots of fun swimming in their pool. We also went to the park and played games.

Otra aventura divertida fue cuando mi familia y yo fuimos en avión a California. Visitamos a mis primos Zoe, Kelly, y Aaron, y también a mi tío Freeman y mi tía Linda.

Nos divertimos mucho nadando en su piscina. También fuimos al parque a jugar.

My cousin Zoe is in first grade. She writes books just like I do. She also likes to cook. Zoe, Amir, and I took a cooking class with Chef Diamond. We learned how to read recipes, choose ingredients, and make the food. We used healthy food like mixed greens, turkey, and fresh pineapple and strawberries.

Chefs Zoe, Amir and Taj

Los Chefs Zoe, Amir y Taj

When we flew back to Chicago, my mom took us to visit the Google Innovation Center. We played lots of games there. We also learned how to grow vegetables.

Mi prima Zoe está en primer grado. Ella escribe libros así como yo. También le gusta cocinar. Zoe, Amir y yo tomamos una clase de cocina con Chef Diamond. Aprendimos a leer recetas, a escoger los ingredientes y a preparar la comida. Usamos comida saludable como lechugas mixtas, pavo, y piña fresca y fresas.

Cuando volamos de nuevo a Chicago mi mamá nos llevó a visitar el Google Innovation Center. Jugamos mucho en el centro y aprendimos como sembrar vegetales.

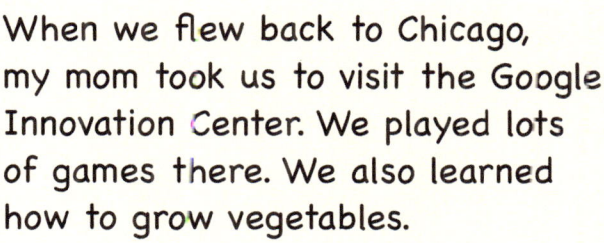

Zoe and her dog CoCo

Zoe y su perro CoCo

Going to visit my Grandpa Bill and Grandma Claudie is always an adventure. Grandpa Bill took my brother and I for a ride in one of his cars. We got to ride in the convertible with the top down.

Grandpa also took me to the White Sox ball game. We watched baseball and ate great food.

¡Siempre es una aventura ir a visitar a mis abuelitos Bill y Claudie! Mi abuelito Bill nos llevó a mi hermano y yo a dar una vuelta en uno de sus carros. Nos montamos en un convertible con la capota abajo.

Mi abuelo me llevó al partido de béisbol de los White Sox. Vimos el partido y comimos cosas deliciosas.

Another adventure I had was when I helped in a wedding. It was for my cousin Sarah. She was marrying Adam. I felt so grown up carrying the wedding rings! I was not afraid at all when I walked down the aisle with them.

Otra de mis aventuras fue cuando ayudé en la boda de mi prima Sarah. Ella se casaba con Adam. ¡Me sentí como una persona grande llevando los anillos de bodas! No tuve miedo cuando caminé hacia el altar con los anillos.

I Am Now 5! My Kindergarten Adventure Begins!

¡Ya tengo 5 años! ¡Comienza mi aventura en kinder!

I was one of the older students in Kindergarten. Even though I was in the same classroom as when I was in preschool, we did different things. I love to go to school and learn new things.

Yo era uno de los mayores en kindergarten. Aunque estaba en el mismo salón de clases hacíamos cosas distintas a las que solíamos hacer en preescolar. Me encanta ir a la escuela y aprender cosas nuevas.

Participating in sports is an adventure. I took basketball lessons in Evergreen Park when I was five. I was nervous to join the team because there were so many kids. Amir was afraid to go on the basketball court. I tried to help him, but it did not work.

The coach taught me how to dribble the basketball. He also taught me how to shoot the ball. Then I joined the Jaguars team. We did warm-ups and exercises to get strong. It was so much fun. I played in a lot of games. Nancy, Guillermo, Mom, Dad, my grandparents, Amir, and Omari Jr. all came to see me play.

Participar en deportes es una aventura. A los cinco años tomé clases de baloncesto en Evergreen Park. Estaba nervioso al entrar al equipo por que habían muchos niños. A Amir le daba miedo ir a la cancha de baloncesto. Yo intenté ayudarlo pero no funcionó.

El entrenador me enseñó como rebotar la pelota de baloncesto. También me enseñó como tirar la pelota de baloncesto. Luego me uní al equipo Jaguars. Hicimos calentamiento y ejercicios para hacernos fuertes. Fue muy divertido. Jugué muchos partidos. Nancy, Guillermo, mi mamá, mi papá, mis abuelos, Amir, y Omari Jr. vinieron a verme jugar.

When I turned five years old I got two basketballs as gifts. They were my first basketballs! I gave one of my basketballs to my brother Amir. I also love to go to Sky Zone to practice basketball.

Cuando cumplí 5 años me regalaron dos pelotas de baloncesto. ¡Fueron mis primeras pelotas de baloncesto! Yo le di una a mi hermano Amir. También me encanta ir a Sky Zone a practicar baloncesto.

I like to play chess with my brother.

Me gusta jugar ajedrez con mi hermano.

Going swimming with my brother is always fun. We have a great teacher. Did you remember that I learned how to swim when I was two years old?

Siempre es divertido ir a nadar con mi hermano. Tenemos un instructor maravilloso. ¿Se acuerdan que aprendí a nadar cuando tenía dos años?

Another one of my favorite adventures was golf. Grandpa Bill took me and my brother Amir to Top Golf. We learned how to play golf. We got our own golf clubs to use. We ate lunch there too. We had a lot of fun!

Watching basketball at the United Center was also an adventure. Grandpa Bill took me and my whole family to a Chicago Bulls game. We had a great time!

Otra aventura que tuve fue cuando vi un partido de baloncesto en el United Center. Mi abuelo Bill nos llevo a mi y a mi familia a ver un partido de los Chicago Bulls. ¡La pasamos muy bien!

Otra de mis aventuras favoritas fue el golf. Mi abuelo Bill nos llevo a mi y mi hermano Amir a Top Golf. Aprendimos a jugar golf. Usamos nuestros propios palos de golf. Almorzamos allá también. ¡Nos divertimos mucho!

My next adventure was watching my friend Guillermo play soccer. Grandma Claudie took Amir and me to watch him. Guillermo taught us how to play soccer. After the game we had lunch at McDonald's. Guillermo's sister Jessie and Nancy ate lunch with us.

En mi siguiente aventura vi a mi amigo Guillermo jugar fútbol. Mi abuela Claudie nos llevo a Amir y a mi a verlo. Guillermo nos enseñó a jugar fútbol. Después del partido almorzamos en McDonald's. Jessie, la hermana de Guillermo, y Nancy almorzaron con nosotros.

My next adventure was going to Dave & Buster's. I love to play games there with my brother. Grandma Claudie knows how much we love it, but she always gives us rules before she takes us there. We have to follow her rules if we want to play games. My favorite games are Skee-Ball, Baseball Pro, and bowling. We used the tickets we won from playing games to buy toys and food.

En mi siguiente aventura fui a Dave & Buster's. Me encanta jugar en ese lugar con mi hermano. Mi abuela Claudie sabe cuanto nos gusta, pero ella siempre nos da las reglas antes de llevarnos. Tenemos que seguir sus reglas si queremos jugar. Mis juegos favoritos son: Skee-Ball, Baseball Pro, y bolos. Los boletos que ganamos los cambiamos por juguetes y comida.

Family time is always an adventure. And it's fun!

Pasar tiempo en familia siempre es una aventura. ¡Y es divertido!

My big brother Omari Jr. spends time with us on weekends. We always plan fun things to do as a family. I love my family.

Los fines de semana mi hermano mayor, Omari Jr., pasa el tiempo con nosotros. Siempre planeamos hacer cosas divertidas en familia. Quiero a mi familia.

My cousin Lisa, Amir and I enjoyed Disney on Ice.

Mi prima Lisa, Amir y yo disfrutamos viendo Disney on Ice.

Mama J, Amir and I loved The African Drummers musical!

¡A Mama J, Amir y a mi nos encantó ver el musical de los Tambores Africanos!

At the circus with Amir

En el circo con Amir

My next adventure was riding in a Ride-On Car for the first time. I was five years old when I got my Ride-On Car. It was a Ferrari! I liked taking my little brother for a ride.

En mi siguiente aventura monté en un carro eléctrico por primera vez. Tenía cinco años cuando me dieron un carro eléctrico. ¡Era un Ferrari! Me gustaba llevar a mi hermanito de paseo.

My brother and I love to spend time at Grandpa Bill's and Grandma Claudie's house. We have lots of toys at their house. We play toss the bag and soccer in their backyard. We also play basketball. After a day of fun games, we use our iPads to wind down. Then we go to bed.

A mi hermano y a mí nos encanta pasar tiempo en la casa de mis abuelos Bill y Claudie. Tenemos muchos juguetes en su casa. En su jardín jugamos al tiro de las bolsitas y fútbol. También jugamos baloncesto. Después de un día lleno de juegos, usamos nuestros iPads para relajarnos. Luego nos vamos a dormir.

I love to get together with my big family. Aunt LaDonna and my cousin Dasia went out to dinner with us. Then, I spent time with the men and boys in my family on Father's Day. At our family reunion I got to dance.

Me encanta reunirme con mi gran familia. Mi tía LaDonna y mi prima Dasia fueron a cenar con nosotros. Luego pase tiempo con los hombres y niños de mi familia en el Día del Padre. Bailé en la reunión de nuestra familia.

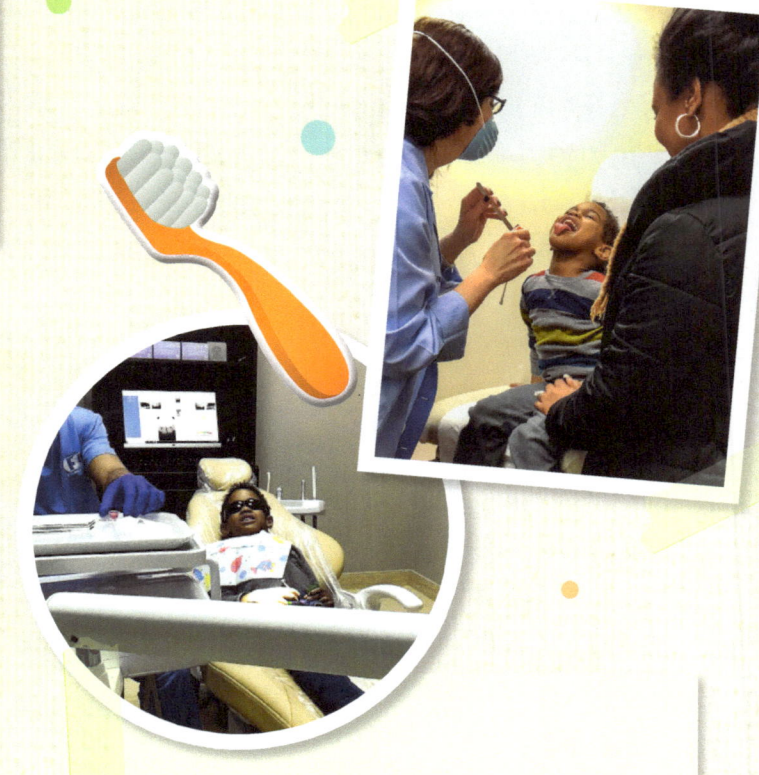

I like to stay healthy too. I go to the dentist and the doctor. They make sure that I am healthy. I get a checkup every year.

También me gusta estar saludable. Voy al dentista y al doctor. Ellos se aseguran de que estoy bien de salud. Cada año voy a mi cita de rutina.

The Museum of Science and Industry in Chicago was a great adventure! I went with my class. We saw animal skeletons that were very old. They are fossils from dinosaurs that died long ago. I saw bones from Tyrannosaurs, Spinosaurus, Brachiosaurus and many others. Scientists put the bones together so we could see what the dinosaurs looked like.

¡Tuve una aventura grandiosa en el Museum of Science and Industry en Chicago! Fui con mis compañeros de clase. Vimos esqueletos muy antiguos de animales. Eran fósiles de dinosaurios que murieron hace mucho tiempo. Vi huesos de tiranosaurio, espinosaurio, braquiosaurio y muchos otros más. Los científicos armaron los huesos para que pudiéramos ver como eran los dinosaurios.

Playing and making new friends at school was fun this year!

¡Este año en la escuela fue divertido jugar y hacer nuevos amigos!

My next adventure was during the summer of 2019. I went to my Grandpa Bobby's hometown in Alabama. I met my cousins there for the first time. It was so much fun!

Mi siguiente aventura fue en el verano del 2019. Fui a la ciudad natal de mi abuelo Bobby en Alabama. Conocí a mis primos por primera vez. ¡Fue muy divertido!

Mom, Amir, and me

Mamá, Amir y yo

My cousin AJ

Mi primo AJ

When we were in Alabama, we got to visit my cousin Don's farm. Cousin Don is also the mayor of Pickensville, Alabama. He took us on a tour of the farm. We saw lots of cows. We also met our cousin AJ and his dog. After our tour, my cousin Hazel met us back at the house where her family once lived.

Cuando estuvimos en Alabama fuimos a la granja de mi primo Don. Mi primo Don también es el alcalde de Pickensville, Alabama. Nos llevó a dar un recorrido de la granja. Vimos muchas vacas. También conocimos a nuestro primo AJ y su perro. Después del paseo mi prima Hazel se encontró con nosotros en la casa en donde vivió su familia.

Grandpa Bobby and Mama J took us to see some special sites in Alabama. One was the National Memorial for Peace and Justice.

Mi abuelo Bobby y Mama J nos llevaron a ver algunos lugares especiales de Alabama. Uno de ellos fue el National Memorial for Peace and Justice.

It was fun to see more family members in Alabama. These are pictures of my mom, dad, Amir, Uncle Charles, Aunt Janet, Uncle Rickey, Uncle Don, Aunt Jean, Cousin Hazel, Grandpa Bobby, and Mama J.

Fue divertido ver a más familiares en Alabama. En estas fotos salen mi mamá, mi papá, Amir, mi tío Charles, mi tía Janet, mi tío Rickey, mi tío Don, mi tía Jean, mi prima Hazel, mi abuelo Bobby y Mama J.

I had another big adventure before I turned six years old. I had my first music lesson to learn how to play the drums. I did not like it because playing the drums is hard. But, it was still fun. Then I started to learn how to play the piano. My piano teacher teaches me at my house. I also started to learn how to read music.

Tuve otra gran aventura antes de cumplir los seis años. Tuve mi primera clase para aprender a tocar la batería. No me gustó porque tocar la batería es difícil. Pero aun fue divertido. Luego comencé a aprender a tocar el piano. Mi profesora va a mi casa a enseñarme a tocar el piano. También aprendí a leer notas musicales.

I Am Now 6! I Get To Go to First Grade!
¡Ya tengo 6 años! ¡Ya puedo entrar a primer grado!

When COVID-19 started to spread in March 2020, we had to wear masks. My brother and I had to attend classes from home through remote learning on the internet. It was a long time before we could go back to school in person. When we went back to school, I was able to play outside with my friends. It was so much fun to play with them again!

Nancy, our Spanish teacher taught us Spanish lessons at our house when we were not studying.

Cuando el Covid-19 comenzó a esparcirse en marzo del 2020 nosotros nos pusimos cubrebocas. Mi hermano y yo tuvimos que recibir las clases de la escuela en línea desde nuestra casa. Tuvimos que aprender a distancia desde la casa. Pasó un largo tiempo antes de que pudiéramos volver a la escuela en persona. Cuando regresamos a la escuela yo pude jugar de nuevo con mis amigos. ¡Fue muy divertido volver a jugar con ellos!

Nancy, nuestra profesora de español nos dio lecciones de español en nuestra casa cuando no estábamos estudiando.

red — rojo
green — verde
blue — azul

When I was six years old, we moved. This is a picture of my new house. Moving into our new house was a big adventure and a lot of fun! My brother and I stayed with our grandparents for two weeks until our new house was ready. We were so excited to move in. We also got our first pet, a dog!

Cuando tenía seis años nos mudamos. Esta es una foto de mi casa nueva. ¡Mudarnos a nuestra casa nueva fue una gran aventura y también muy divertido! Mi hermano y yo nos quedamos con nuestros abuelitos por dos semanas hasta que la nueva casa estuvo lista. Estábamos muy emocionados de mudarnos. ¡También tuvimos nuestra primera mascota, un perro!

Here I am with my mom, my dad, Amir, my Grandma Claudie, and Grandpa Bill. We are standing in front of a mural inside our new house. The theme of the mural is "My African Culture."

Aquí estoy con mi mamá, mi papá, Amir, mi abuela Claudie, y mi abuelo Bill. Estamos en frente de un mural dentro de nuestra nueva casa. El tema del mural es: "Mi Cultura Africana."

Mr. Jeremiah and his daughter Kianna painted the mural. Mr. Jeremiah even let me paint some of the pictures on the mural of me and my family.

El Sr. Jeremiah y su hija Kianna pintaron el mural. El Sr. Jeremiah me dejó pintar algunas imágenes en el mural de mi familia y yo.

A visit from Nurture Bear on my birthday was also an adventure and a treat!

¡La visita de Nurture Bear el día de mi cumpleaños también fue una aventura y un regalo!

Spending time with my family is my all-time biggest adventure. We always have lots of fun together. I also like to learn how to do new things. Right before I finished writing this book I learned how to play pool. My Grandpa Bill taught Amir and me how to hold the pool stick. Playing pool was so much fun!

I hope that you have enjoyed reading about all my adventures. My next book will be a fiction book that I can't wait to write!

Pasar tiempo con mi familia es la aventura mas grande de todas. Siempre nos hemos divertido mucho juntos. También me gusta aprender a hacer nuevas cosas. Antes de terminar de escribir este libro aprendí a jugar billar. Mi abuelo Bill nos enseñó a Amir y a mi a sostener el palo de billar. ¡Jugar billar fue muy divertido!

Espero que hayan disfrutado leer acerca de todas mis aventuras. ¡Mi próximo libro será de ficción, no puedo esperar para escribirlo!

My dog Jackson

Mi perro Jackson

Taj I. Kamal, the Author

Things that I would like to share about myself are that I love playing basketball, playing games on my iPad and computer, playing outside, reading, drawing, and writing.

I love to eat and cook healthy food. My favorite food is fish.

Things that make me happy are playing with my dog Jackson, spending time with my family, and traveling.

Some of the holidays that I celebrate are Christmas, Kwanzaa, and birthdays. Birthdays are my favorite. I celebrate these special days with my family and friends.

Sobre el autor, Taj I. Kamal

Las cosas que quiero que sepan acerca de mi son que me encanta jugar baloncesto, jugar en mi iPad y en el computador, jugar afuera, leer, dibujar y escribir.

Me encanta cocinar y comer cosas saludables. Mi plato favorito es el pescado.

Me hace feliz jugar con mi perro Jackson, pasar el tiempo con mi familia y viajar.

Algunas días especiales que celebro son la Navidad, Kwanzaa y los cumpleaños. Los cumpleaños son mis favoritos. Yo celebro estos días con mi familia y mis amigos.

The ICONS Foundation Young Authors Program

The ICONS Foundation Young Authors Program helps children from grades K-12 author books that provide useful information on enhancing life skills. This includes making healthy food choices, character building, etiquette, hygiene, and citizenship. Our proven learning system is designed to have total school and community involvement. Children receive the same message from mentors at home, school, and away from home, reinforcing each lesson taught through real-life experiences. This program allows parents to work side-by-side with their children as they learn basic lifelong skills.

Please contact The ICONS Foundation at icons1011@sbcglobal.net for more information and if you would like your school to participate.

The ICONS Foundation Young Authors Program

El programa Young Authors de la ICONS Foundation ayuda a niños desde kínder hasta el duodécimo grado para que puedan escribir libros que proporcionan información útil para enriquecer habilidades de la vida diaria. Los temas incluyen: preparación de comida saludable, formación del carácter, etiqueta, higiene y ciudadanía. Nuestro método comprobado de aprendizaje está diseñado para tener la participación total de la comunidad y la escuela. Los niños reciben el mismo mensaje por medio de sus tutores en el hogar, en la escuela y fuera de casa, afianzando así cada lección que se enseña a través de experiencias de la vida real. Este programa permite que los padres trabajen junto con sus hijos mientras aprenden habilidades básicas para toda la vida.

Por favor contacte icons1011@sbcglobal.net si desea más información sobre The ICONS Foundation o quisiera que su escuela participe en este programa.

www.ingramcontent.com/pod-product-compliance
Lightning Source LLC
Chambersburg PA
CBHW042257100526
44589CB00002B/50